DESCUBRAMOS
PAÍSES DEL MUNDO

Descubramos
ISRAEL

D0851455

Kathleen Pohl

Consultora de lectura: Susan Nations, M.Ed.,
autora/consultora de alfabetización/consultora de desarrollo de la lectura

Gareth Stevens
Publishing

Please visit our Web site at www.garethstevens.com.
For a free color catalog describing Gareth Stevens Publishing's list of high-quality books,
call 1-800-542-2595 (USA) or 1-800-387-3178 (Canada).
Gareth Stevens Publishing's fax: 1-877-542-2596

Library of Congress Cataloging-in-Publication Data available upon request from publisher.

ISBN-10: 0-8368-8784-0   ISBN-13: 978-0-8368-8784-6 (lib. bdg.)
ISBN-10: 0-8368-8791-3   ISBN-13: 978-0-8368-8791-4 (softcover)

This edition first published in 2008 by
Gareth Stevens Publishing
A Weekly Reader® Company
1 Reader's Digest Road
Pleasantville, NY 10570-7000 USA

Senior Managing Editor: Lisa M. Guidone
Senior Editor: Barbara Bakowski
Creative Director: Lisa Donovan
Designer: Tammy West
Photo Researcher: Sylvia Ohlrich

Spanish edition produced by A+ Media, Inc.
Editorial Director: Julio Abreu
Chief Translator: Adriana Rosado-Bonewitz
Associate Editors: Janina Morgan, Rosario Ortiz, Bernardo Rivera, Carolyn Schildgen
Graphic Designer: Faith Weeks

Photo credits: (t=top, b=bottom)
Cover Age Fotostock; title page Alberto Biscaro/Masterfile; p. 4 Ohad Shahar/Alamy; p. 6 Richard Ashworth/
Getty Images; p. 7t Sylvain Grandadam/Age Fotostock; p. 7b D. Usher/Peter Arnold; p. 8 Haim Azulay/
Reuters/Landov; p. 9t Duby Tal/Alamy; p. 9b Hanan Isachar/Corbis; p. 10 Gil Cohen Magden/Reuters/Landov;
p. 11t Shutterstock; p. 11b Ammar Awad/Reuters/Landov; p. 12t Nayeff Hashlamoun/Reuters/Landov;
p. 12b Debbie Hill/UPI/Landov; p. 13 Gadi Geffen/Israel Images/Alamy; p. 14 Jon Arnold Images/SuperStock;
p. 15t Victor de Schwanberg/Alamy; p. 15b R. Matina/Age Fotostock; p. 16 George Simhoni/Masterfile;
p. 17t Niall Benvie/Corbis; p. 17b Jacky Costi/Alamy; p. 18 Israel Images/Alamy; p. 19t Israel Images/Alamy;
p. 19b Christine Osborne Pictures/Alamy; p. 20t Tim Hill/Alamy; p. 20b George Simhoni/Masterfile;
p. 21t Jon Arnold Images/SuperStock; p. 21b Richard Nowitz/Israel Images/Alamy; p. 22 Mark Boulton/Alamy;
p. 23t David Silverman/Getty Images; p. 23b Israel Images/Alamy; p. 24 Cris Haigh/Getty Images;
p. 25t Eddie Gerald/Bloomberg/Landov; p. 25b Edi Israel/Israel Sun/Landov; p. 26 SuperStock; p. 27t SuperStock;
p. 27b Eitan Simanor/Alamy

Printed in the United States of America

1 2 3 4 5 6 7 8 9 11 10 09 08 07

Contenido

Las palabras definidas en el glosario están impresas en **negritas** la primera vez que aparecen en el texto.

¿Dónde está Israel?

Israel está en el sudoeste de Asia, en una parte conocida como Medio Oriente. Israel tiene fronteras con cuatro países: Egipto al sudoeste, Jordania y Siria al este, y Líbano al norte. Israel tiene la forma de una flecha larga y delgada. El extremo sur bordea con el mar Rojo. Israel también tiene una costa en el mar Mediterráneo.

¿Lo sabías?

Aunque Israel es pequeño, su terreno es variado. El país tiene desiertos, montañas, valles y costas.

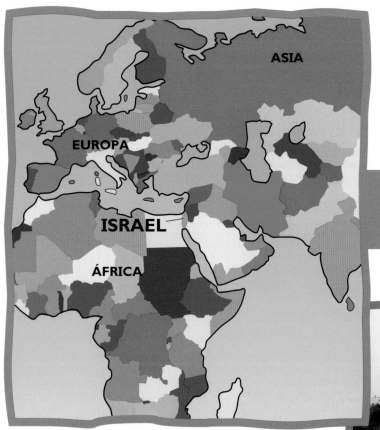

Israel está en una parte conocida como Medio Oriente.

Los legisladores se reúnen en este edificio de Jerusalén, la capital.

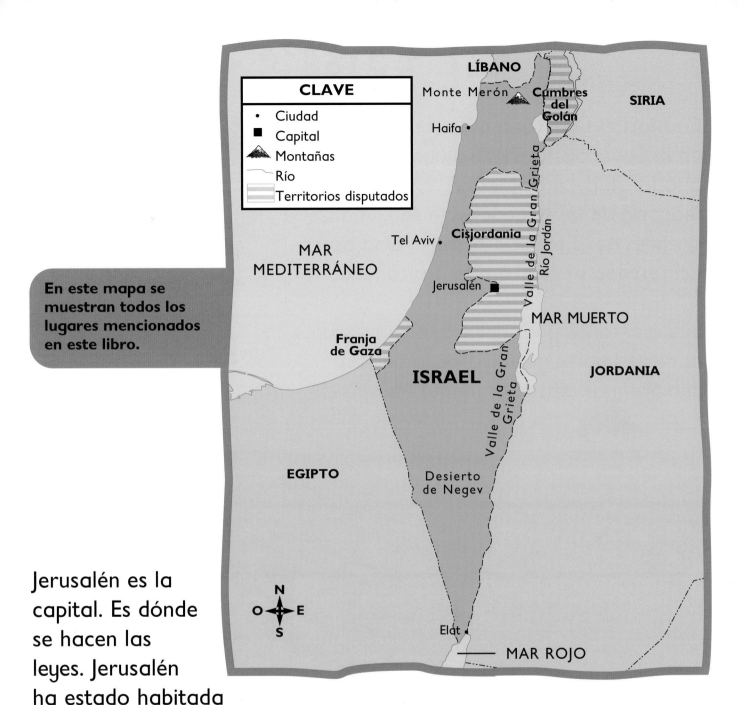

En este mapa se muestran todos los lugares mencionados en este libro.

CLAVE
- Ciudad
- ■ Capital
- ▲ Montañas
- Río
- Territorios disputados

LÍBANO
Monte Merón
Cumbres del Golán
SIRIA
Haifa
MAR MEDITERRÁNEO
Tel Aviv
Cisjordania
Valle de la Gran Grieta
Río Jordán
Jerusalén
MAR MUERTO
Franja de Gaza
ISRAEL
JORDANIA
EGIPTO
Desierto de Negev
Valle de la Gran Grieta
N O E S
Elat
MAR ROJO

Jerusalén es la capital. Es dónde se hacen las leyes. Jerusalén ha estado habitada desde hace más de cuatro mil años. Tiene calles y edificios antiguos. También tiene oficinas, tiendas y restaurantes modernos.

Israel casi nunca ha estado en paz desde su fundación en 1948. Ha luchado contra países cercanos para obtener el control de territorios importantes.

El paisaje

La **planicie costera** es un terreno plano en la costa oeste. Tiene playas arenosas a lo largo del mar Mediterráneo. La mayoría de los israelíes vive en ciudades grandes en la planicie costera. Una parte del terreno se presta a la agricultura.

Las montañas y las colinas forman gran parte del norte y centro de Israel. La cumbre más alta es el monte Merón, en

¿Lo sabías?

La orilla del mar Muerto es el lugar más bajo de la superficie terrestre.

El mar Muerto es en realidad un lago salado. La sal forma figuras extrañas a lo largo de la costa.

El desierto de Negev tiene acantilados y cañones coloridos.

el norte. El valle de la Gran Grieta es un terreno plano y bajo al este. El río Jordán es el río más largo de Israel. Tras correr por el valle sale al mar Muerto. Esa extensión de agua es tan salada que pocos animales y plantas pueden vivir ahí.

Cabras salvajes llamadas íbices viven en las montañas secas desérticas.

El desierto de Negev forma la mitad sur de Israel. Poca gente vive en esa área tan calurosa y seca.

Clima y estaciones

Israel es un país pequeño. Aun así el clima puede variar mucho del norte al sur. Los veranos son calurosos y secos. El sol brilla casi a diario de mayo a octubre. El mes más cálido es agosto cuando las temperaturas pueden subir a más de 38° Celsius (100° F).

¿Lo sabías?

En primavera y otoño, el viento cálido y seco trae polvo desde los desiertos vecinos.

Los inviernos son frescos y leves. Enero es el mes más frío del año. En las montañas hace más frío que en las planicies. A veces nieva en las montañas más altas.

Aunque gran parte de Israel es calurosa y seca, a veces nieva en las montañas.

En muchas partes de Israel hay poca agua para los cultivos.

La cantidad de lluvia varía mucho en diferentes partes del país. Diciembre es el mes más lluvioso, en especial en las colinas del norte. Las tormentas eléctricas son comunes.

Cada año, los israelíes celebran la fiesta del árbol. La gente planta árboles para evitar que el viento arrastre la tierra.

El desierto de Negev, en el sur, es el área más seca. Casi no llueve ahí.

Los israelíes

En Israel viven más de seis millones de personas. La mayoría es judía. Es decir, siguen las leyes del **judaísmo**. Ésta es una de las religiones más antiguas del mundo. Algunos judíos siguen leyes estrictas sobre el vestido y la comida. Rezan tres veces al día. Otros no cumplen con estas reglas tan estrictas.

En Israel también viven árabes, que en su mayoría son musulmanes. Ellos practican la religión del **Islam** y adoran a Alá. Pocos árabes son cristianos. El **cristianismo** se basa en la vida y las enseñanzas de Jesucristo.

Tanto árabes como judíos viven en Israel, pero, con frecuencia, los dos grupos están divididos. En muchas ciudades viven en vecindarios separados. Tienen fiestas y **costumbres** diferentes.

Los judíos llevan mantas para rezar en los servicios religiosos de la mañana.

¿Lo sabías?

Casi tres millones de personas visitan Israel cada año.

Los letreros están en hebreo, árabe e inglés.

Los musulmanes rezan juntos los viernes por la tarde. Algunos fieles se arrodillan sobre tapetes para rezar.

Los dos idiomas más importantes de Israel son el hebreo y el árabe. Los judíos hablan hebreo principalmente y los árabes hablan árabe. Mucha gente también habla inglés.

Escuela y familia

Los niños de 5 a 16 años tienen que ir a la escuela. Casi todos los niños musulmanes y judíos de Israel van a escuelas separadas. Algunas escuelas son del gobierno. Otras son religiosas.

Aprenden matemáticas, ciencias, lectura y arte. Estudian hebreo o árabe. A partir del quinto o sexto grado, también aprenden inglés. Los niños van a la escuela seis días a la semana.

Por lo general, las niñas y los niños musulmanes van a escuelas diferentes.

Los estudiantes israelíes aprenden a usar computadoras en la escuela.

¿Lo sabías?

Los estudiantes musulmanes no van a la escuela los viernes porque es su día santo. Los judíos no tienen clases los sábados, que es su día santo.

Los niños ayudan con los quehaceres en las casas y en las granjas. Este niño carga leña.

Pocos estudiantes judíos y árabes van a la escuela juntos. Toman clases en árabe y en hebreo.

Después de la escuela, muchos niños juegan deportes o toman clases de arte o música. En casa, ayudan con los quehaceres. La mayoría de las familias judías son pequeñas, con dos o tres hijos. Las familias árabes en general son más grandes. Casi la mitad de las mujeres judías trabajan fuera de casa. La mayoría de las árabes, no.

Vida rural

Antes, muchos israelíes vivían en el campo, pero hoy ya no. Mucha gente que vive en el campo residen en un **kibbutz**. Es un lugar donde varias familias viven y trabajan juntas. Laboran en tierras de cultivo o en **fábricas**.

Los miembros del kibbutz comparten la tierra y los negocios. En lugar de recibir dinero, con frecuencia obtienen comida, casa y escuela a cambio de trabajo.

Muchas familias viven y trabajan juntas en un kibbutz grande.

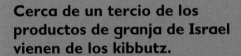

Los niños de los kibbutz comparten el trabajo, como cuidar los animales.

¿Lo sabías?

Antes, los niños de los kibbutz vivían juntos en una casa separada. Pasaban sólo unas horas al día con sus padres.

Cerca de un tercio de los productos de granja de Israel vienen de los kibbutz.

Las familias viven en casas separadas en los kibbutz. Sus miembros comen juntos en un gran comedor y los niños juegan en una casa infantil después de la escuela.

Los granjeros de los kibbutz cosechan grano, fruta y verdura. También crían cabras, ovejas, vacas y pollos. Los niños ayudan en las granjas.

Vida urbana

La mayoría de la gente vive y trabaja en las ciudades. La mayor parte vive en Jerusalén. Sus calles están llenas de autos y autobuses. Partes de Jerusalén tienen comercios nuevos y oficinas modernas. En áreas más antiguas hay mercados en calles empedradas. La ciudad tiene muchos templos.

¿Lo sabías?

A veces a Jerusalén le dicen "La Ciudad de Oro". Muchos edificios están hechos con una piedra blanca y rosa que se ve dorada con el sol.

La gente va de compras a un mercado callejero en Jerusalén.

Una parte de Jerusalén se llama Ciudad Antigua. Muchas calles son demasiado angostas para los autos. Las casas están muy juntas.

Haifa es el puerto con más tráfico. Barcos grandes cargan y descargan productos ahí.

La ciudad tiene muchos lugares sagrados. Judíos, musulmanes y cristianos de todo el mundo van a visitarlos.

La segunda ciudad más grande es Tel Aviv. Es moderna, con edificios altos, cafés al aire libre, playas y museos. Es un centro comercial importante.

Haifa es un **puerto** importante en el mar Mediterráneo. Muchos productos llegan de y salen para otros países. Elat es un puerto con mucho tráfico en el mar Rojo.

Casas israelíes

En las ciudades, mucha gente vive en edificios altos de apartamentos, hechos en general de piedra. Muchos tienen **balcón**, que es un porche elevado con barandal. Durante el calor, la gente a veces sale a comer al balcón para refrescarse.

En los kibbutz se vive en casas pequeñas. Tienen paredes blancas y tejas rojas. Algunos ricos de Israel viven en casas y apartamentos grandes y elegantes.

Mucha gente vive en edificios altos de apartamentos en las ciudades grandes de Israel.

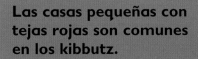

Las casas pequeñas con tejas rojas son comunes en los kibbutz.

Los nómadas van de un lugar a otro en el desierto. Viven en tiendas que llevan con ellos.

Hay gente en el desierto llamada **nómadas**. Van de un lugar a otro. Viven en tiendas hechas de pelo de cabra. Los nómadas llevan sus tiendas cuando viajan para que sus cabras y ovejas **pasten**. Los camellos cargan las tiendas.

Comida israelí

Mucha gente de muchos países ha llegado a vivir a Israel. Sus platos son diferentes. El **falafel** es popular en el Medio Oriente. Son garbanzos fritos con especias en **pita**, un pan plano y delgado en forma de bolso.

La gente come mucho arroz, fruta y verduras, además de huevos, queso y pan. Algunos disfrutan desayunar ensalada. Por lo general, el almuerzo es la comida más importante del día.

El falafel, garbanzos fritos en pan pita, es un plato popular.

Los mercados venden frutas secas cosechadas por granjeros israelíes.

La gente disfruta comer en restaurantes y cafés en las ciudades de Israel.

Las familias judías se reúnen para comer en las fiestas. Comparten comida especial y rezan.

Muchos judíos cumplen reglas estrictas sobre la comida. Por ejemplo, no comen puerco. Siguen reglas judías para preparar alimentos **kosher**. La mayoría de los restaurantes y hoteles de Israel sirven comida kosher.

¿Lo sabías?

Durante la Pascua judía, los judíos comen un tipo de pan llamado **matzo**. Es plano, como una galleta.

El trabajo

Mucha gente en ciudades israelíes trabaja en bancos, hoteles y tiendas. Algunas personas dan clases, escriben en periódicos o tienen trabajos en el gobierno. Algunos son doctores o enfermeros.

En Israel, muchos científicos trabajan para conservar la salud de la gente. Otros encuentran formas de llevar agua a lugares secos. Así los granjeros pueden cultivar comestibles y flores.

Algunas personas trabajan en fábricas. Hacen productos como papel, artículos de plástico y ropa. Los mineros sacan sal y otros **minerales** del mar Muerto.

Los trabajadores sacan sal del mar Muerto, el lago más salado del mundo.

La mayoría de los diamantes del mundo pasa por Israel. Los trabajadores cortan y pulen las piedras en bruto. Luego venden los diamantes cortados a gente de muchos países.

Casi todos los judíos y muchas judías solteras tienen que servir en el ejército, la marina o la fuerza aérea. Se inscriben a los 18 años. Los hombres tienen que servir tres años. Las mujeres sirven dos años.

Este trabajador observa de cerca un diamante cortado.

Estas mujeres se entrenan para servir en el ejército. El servicio militar es obligatorio para hombres y mujeres.

La diversión

La gente en Israel disfruta de ir a la playa. Israel tiene muchas playas bonitas en su larga costa. Nadar, navegar y velear son actividades populares. A la gente también le gusta el voleibol de playa. El **matkot** es un tenis de playa israelí.

Mucha gente también disfruta los juegos en equipo. Juegan y ven fútbol y básquetbol. Los atletas judíos de todo el mundo van a Israel a competir en los Juegos Macabeos. Se llevan a cabo cada cuatro años.

Mucha gente en Israel disfruta las playas hermosas del país.

Este hombre toca un shofar al inicio del Año Nuevo judío.

Los israelíes celebran el Día de la Independencia con un desfile.

A la gente le encanta leer, visitar museos e ir al teatro. Los israelíes también disfrutan escuchar música y bailar. Muchos niños y adolescentes se unen a grupos para jóvenes. Sus miembros disfrutan de días de campo, obras de teatro y otras actividades divertidas. También aprenden más sobre su país.

La gente también festeja. El Día de la Independencia, en mayo, ven desfiles y fuegos artificiales. Los judíos, los musulmanes y los cristianos celebran fiestas religiosas de maneras especiales.

Israel: Datos

- El nombre oficial de Israel es Estado de Israel.

- Israel es una **democracia**. La gente vota para elegir a sus gobernantes.

- El **Knesset** es el grupo que hace las leyes. Tiene 120 miembros electos. El presidente tiene obligaciones formales. El primer ministro se encarga de las tareas diarias del gobierno.

- Todo ciudadano de 18 años o más puede votar en las elecciones.

- El hebreo y el árabe son los idiomas de Israel.

La bandera de Israel muestra una Estrella de David azul en el centro. La estrella es un símbolo judío muy antiguo.

La moneda de Israel se llama **shekel**.

¿Lo sabías?

Israel es pequeño en área. Es casi del tamaño de Nueva Jersey.

Las familias judías celebran Janucá, la fiesta de las luces.

Glosario

balcón – porche elevado con barandal

costumbres – tradiciones o maneras usuales de comportarse de una comunidad o grupo

cristianismo – religión de los cristianos, basada en la vida y las enseñanzas de Jesucristo

democracia – gobierno en el que la gente elige a sus líderes

fábricas – edificios donde se hacen productos

falafel – plato popular del Medio Oriente hecho con garbanzos fritos, especias y pan pita

Islam – religión de los musulmanes que creen en Alá

judaísmo – religión de los judíos, basada en la Torá, la Biblia judía

kibbutz – granja o comunidad en Israel donde la gente vive y trabaja junta

Knesset – grupo que hace las leyes en Israel

kosher – comidas que se hacen de acuerdo a las leyes judías de alimentos

matkot – tenis de playa que se juega en Israel

matzo – pan plano que se come en la Pascua judía

minerales – materiales sólidos minados o excavados de la tierra, como la sal y los diamantes

nómadas – personas que van de un lugar a otro, viven en tiendas, y cuidan sus animales

pastar – llevar los animales a comer en los campos

pita – pan delgado y plano doblado en forma de bolso

planicie costera – área plana de tierra a lo largo de un océano o mar

puerto – pueblo o ciudad a dónde llegan o de dónde salen productos en barco

shekel – la moneda básica de Israel

shofar – trompeta de cuerno de carnero que se toca en fiestas judías

Para más información

Enchanted Learning.com

www.enchantedlearning.com/geography/mideast

Fact Monster: Israel

www.factmonster.com/ipkaA0107652.html

FunTrivia: Israel Quizzes

www.funtrivia.com/quizzes/geography/asia/israel.html

Kids Konnect: Israel Fast Facts

www.kidskonnect.com/Israel/IsraelHome.html

Nota del editor para educadores y padres: Nuestros editores han revisado meticulosamente estos sitios Web para asegurarse de que sean apropiados para niños. Sin embargo, muchos sitios Web cambian con frecuencia, y no podemos asegurar que el contenido futuro de los sitios seguirá satisfaciendo nuestros estándares altos de calidad y valor educativo. Se le advierte que se debe supervisar estrechamente a los niños siempre que tengan acceso al Internet.

Mi mapa de Israel

Fotocopia o calca el mapa de la página 31. Después escribe los nombres de los países, extensiones de agua, ciudades, terrenos y territorios que se listan a continuación. (Mira el mapa que aparece en la página 5 si necesitas ayuda.)

Después de escribir los nombres de todos los lugares, ¡colorea el mapa con crayones!

Países
Egipto
Israel
Jordania
Líbano
Siria

Extensiones de agua
mar Mediterráneo
mar Muerto
mar Rojo
río Jordán

Ciudades y pueblos
Elat
Haifa
Jerusalén
Tel Aviv

Terreno, montañas y desiertos
desierto de Negev
monte Merón
valle de la Gran Grieta

Territorios en conflicto (tierras disputadas por israelíes y árabes)
Cisjordania
cumbres del Golán
franja de Gaza

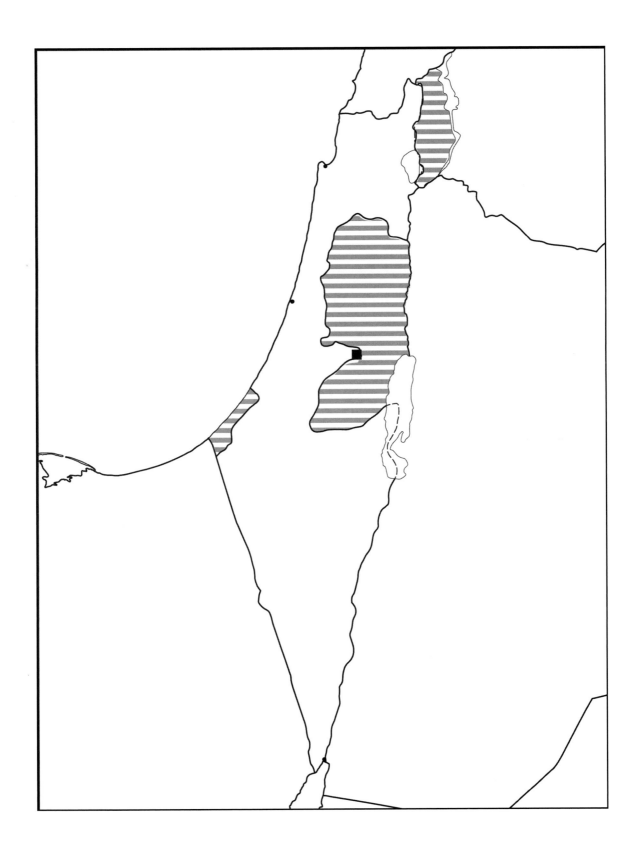

Índice